Inhalt

Basel II und die wachsende Bedeutung der Controller

Kernthesen

Beitrag

Fallbeispiele

Weiterführende Literatur

Impressum

Basel II und die wachsende Bedeutung der Controller

M. Westphal

Kernthesen

- Basel II stellt Unternehmen sämtlicher Branchen und Größen vor komplett neue Herausforderungen.
- Gerade in klein- und mittelständischen Unternehmen wird das Controlling vernachlässigt, was sich jetzt mit höheren Zinsen rächen kann.
- Unternehmens- und Steuerberater können das Unternehmen und sein Controlling sinnvoll beim Rating-Prozess unterstützen.
- Inzwischen gibt es auch verschiedene Software-Lösungen, die das Controlling im

Hinblick auf Basel II erheblich professionalisieren können.
- Auch die Einführung einer Balanced Scorecard als Controlling-Tool kann das Basel II-Rating positiv beeinflussen.

Beitrag

Basel II stellt Unternehmen sämtlicher Branchen und Größen vor komplett neue Herausforderungen

Das unter dem Stichwort "Basel II" bekannt gewordene Rating durch eine Bank im Rahmen von Verhandlungen über Kredite und Kreditlinien stellt Unternehmen sämtlicher Branchen und Größen vor komplett neue Herausforderungen. Die geplante Änderung der Eigenkapitalvorschriften für Banken bei der Kreditvergabe soll die seit langem notwendige Verbesserung im Risikomanagement der Banken nachhaltig fördern und die Ausfallraten im Kreditgeschäft senken. Die wichtigste Änderung für die Banken ist hierbei die Abkehr von der Unterlegung der Kredite mit acht Prozent

Eigenkapital. Die Qualität der Kredite (abhängig von der Bonität der Kunden) soll stärker herangezogen werden bei der Bestimmung der Eigenmittelunterlegung.

Die Kreditinstitute werden aufgrund Basel II, §18 des Kreditwesengesetzes durch die darin genannten Mindestanforderungen an das Kreditgeschäft gezwungen, die Bonität ihrer Kreditkunden genauestens unter die Lupe zu nehmen. Auch Betriebe der sogenannten Retail-Klasse mit einem Umsatz von höchstens fünf Millionen Euro oder einem Kreditvolumen von insgesamt bis zu einer Million Euro fallen hierunter. Besonders bei Klein- und Mittelstandsunternehmen ist am Vorhandensein eines entsprechenden Instrumentariums zu zweifeln. Ebenso müssen börsennotierte Unternehmungen von 2005 an ihre Abschlüsse gemäß internationalen Abrechnungsstandards vorlegen.
Es ist nicht unbedingt von einer generellen Verschlechterung der Finanzierungskonditionen auszugehen, sondern eher von einer Spreizung. So bleiben für das Rating zwar traditionelle Erfolgszahlen wie Cashflow und Umsatzwachstum wichtig, aber neben diesen rein quantitativen Bilanzzahlen müssen auch so genannte qualitative, nichtmonetäre Faktoren und Steuerungsdaten gemessen und geprüft werden. Hierzu zählen z. B. die Struktur des Angebotssortiments oder des

Mitarbeiterstamms, die Branchenentwicklung oder die Nachfolgeplanung, aber auch Prozesseffizienz und Kundenzufriedenheit.

Den Mitarbeitern im Controlling und Rechnungswesen kommt bei der Vorbereitung auf das Rating eine hohe Bedeutung zu. Dieses gilt für das Bankenrating aber auch das externe Rating einer Ratingagentur. Sie stellen für diese Ratings nicht nur die benötigten Zahlen und Unterlagen bereit, sondern es kommt ihnen auch eine große Bedeutung zu bei der Beurteilung von Auswirkungen bilanzpolitischer Maßnahmen auf die Ratingnote. (1)

Gerade viele kleine Unternehmen verzichten oder vernachlässigen aufgrund dünner Pesonaldecke das Controlling. Diese Sparmaßnahme kann sich mit höheren Zinsen im Rahmen von Basel II-Ratings rächen. Diesem kann man zum einen durch die Wahl eines hierfür geeigneten Steuerberaters, oder aber durch die Einführung geeigneter Software-Systeme entgegenwirken.

Unternehmens- und Steuerberater können das Unternehmen sinnvoll unterstützen

Gerade die Überprüfung der qualitativen Zahlen macht insbesondere bei kleineren Unternehmen Probleme. Hierfür wird von Seiten der Steuerberater jetzt Unterstützung angeboten mit dem neuen DATEV-Rating-System, welches vom Nürnberger IT-Dienstleister seit Januar angeboten wird. Hiermit können mittelständische Unternehmer und Geschäftsführer umfassend auf die Fragen der Banken vorbereitet werden. Sofern frühzeitig mit diesem Tool gearbeitet wird, können erste positive Anwendererfahrungen aufgezeigt werden. (2)
Im Rahmen dieses DATEV-Rating-Systems sind Fragen zu klären wie:
- Wie groß ist das Risiko für das Unternehmen, wenn wichtige Abnehmer ausfallen?
- Wie sind der Zustand und die Qualität der Produktionsanlagen zu beurteilen?
- Überwacht das Unternehmen seine Debitoren/Kreditoren?
Die Vielzahl an unterschiedlichen Fragen, die beantwortet werden müssen, geben der Bank einen Beurteilungsmaßstab über die Qualität des Managements. Es wird am Ende aus allen qualitativen und quantitativen Kriterien eine Gesamtnote für das Unternehmen erstellt, die die Rating-Qualität des Unternehmens ermittelt. (2) (3)

Steuerberater sollten bei ihren Mandanten das Bewusstsein schärfen, mindestens vierteljährlich

einen Soll-/Ist-Vergleich durchzuführen. Hierfür bietet sich auf Seite der Steuerberater eine leichte Umorganisation an, nach der einige Mitarbeiter branchenbezogene Controlling-Systeme mit z. B.: folgendem vierstufigen Aufbau entwickeln:
- Bestandsanalyse
- Strategietag
- Monats-/Quartals-JourFix (BWA mit Soll-/Ist-Vergleich)
- Themenbezogenes Coaching
Außerdem müssen Mandanten bei der Vorbereitung auf Bankengespräche unterstützt werden. (4) (5)

Inzwischen gibt es auch verschiedene Software-Lösungen, die das Controlling im Hinblick auf Basel II erheblich professionalisieren können

Es gibt darüber hinaus aber inzwischen moderne Unternehmenssoftware aus den Bereichen Controlling, Businessplan und Business Intelligence, die hierbei unterstützen und somit einen positiven Einfluss ausüben kann. Die Grundbasis des gesamten Zahlenwerkes eines Unternehmens ist der

Ausgangspunkt aller Planungen und Szenarien. Dem Controlling kommt hierbei im Unternehmen eine Schlüsselrolle zu. Nur mit einer funktionierenden Kostenstellenrechnung mit Plan- und Ist-Werten ist es möglich, die unternehmensweite Planung in operable Größen für die unterschiedlichen Geschäftsbereiche bis hin zu den einzelnen Verantwortlichen herunterzubrechen und zu kontrollieren. Aber auch der Kostenträgerrechnung kommt im Rahmen von Basel II eine entscheidende Bedeutung insbesondere dann zu, wenn das Unternehmen über ein vielfältiges Leistungsangebot verfügt, für das eine detaillierte Deckungsbeitragsrechnung über alle Produkte und Produktgruppen hinweg erstellt werden muss. Nur so kann eine Bank auch in schwierigen Zeiten für das Unternehmen gewonnen werden. (4)
Eine ideale Ergänzung zu einem klassischen Controlling ist in diesem Zusammenhang ein Businesplan-System. So werden die üblicherweise vergangenheitsbezogenen Daten der Finanzbuchhaltung und des Controllings um ein zukunftsorientiertes Planungssystem ergänzt, welches gerade im Basel-Rating einen hohen Stellenwert genießt. Außerdem kann entsprechend den Anforderungen des KonTraG über die laufend aktualisierte Prognose ein finanzwirtschaftliches Frühwarnsystem erstellt werden. So können dann mittels Simulationen auch Chancen und Risiken

verschiedener Handlungsalternativen ermittelt werden. Unternehmen mit sehr hohem Informationsbedarf können darüber hinaus ein Business-Intelligence-Tool mit interaktiven Navigations- und Analysemöglichkeiten installieren. So können Daten aus verschiedensten Unternehmensbereichen verknüpft und unter unterschiedlichsten Aspekten geplant und analysiert werden, und bilden somit ein umfassendes Management-Informationssystem, welches sämtliche Anforderungen der Banken abdeckt. (4)

Die Balanced Scorecard als Controlling-Tool für Basel II

Daneben gibt es aber auch die Möglichkeit, sich des Controlling-Tools der Balanced Scorecard (BSC) zu bedienen. Hiermit können die Ratingkriterien nicht nur zur Informationsversorgung abgebildet werden, sondern auch aktiv mit Maßnahmen unterstützt werden. Somit läßt sich durch die Implementierung einer BSC nicht nur das Rating verbessern, sondern auch die Realisierung der Untermehmensstrategie verbessern.
Die BSC ermöglicht die Berücksichtigung qualitativer wie quantitativer Faktoren und die Integration vorläufiger Indikatoren zur Orientierung an der

Sicherung der Zukunftsfähigkeit des Unternehmens. Somit kann insbesondere unter dem Aspekt der höheren Transparenz (da hinsichtlich Zielen, Vorgaben und strategischen Aktivitäten umfassende Dokumentation vorhanden ist) die Gesamtentwicklung der Organisation in Hinblick auf ein definiertes Ziel gesteuert werden.
Die Integration der Basel II-Kriterien kann auf zweierlei Weise gelöst werden:
1) Die Ratingkriterien werden in die bestehenden Perspektiven der Scorecard aufgenommen
2) Es wird eine Perspektive "Rating gemäß Basel II" aufgenommen

Es werden durch die Einführung der BSC die qualitativen Ratingkriterien abgebildet. Darüber hinaus stellt sie eine umfassende Informationsbasis für die benötigten Daten dar. Des weiteren werden mit den Kriterien Maßnahmen verknüpft, was einen konkreten Beitrag zur Rating-Verbesserung darstellt. (6)

Fallbeispiele

Mittlerweile gibt es eine Vielzahl von Spezialsoftware,

die auf die Rating-Gespräche mit der Bank vorbereiten. Es gibt vom kostenlosen Online-Tool über einfache, interaktive Ratgeber für ein paar Euro bis hin zum umfangreichen Ratingprogramm für EUR 2 000,- so ziemlich alles. Allerdings handelt es sich hierbei immer nur um Pre-Ratings, denn die Kreditinstitute bewerten ihre Klienten selbst und die jeweiligen Kriterien wie auch Rechenalgorithmen sind ein gut gehütetes Geheimnis der Banken. Trotzdem kann man sich mit diesen Programmen gut auf das Bankengespräch vorbereiten.

So gibt es für EUR 17,- aus dem Haufe-Verlag einen pragmatischen Einstieg mit "Erste Hilfe: Rating", der aus einer CD mit einem einfachen Kennzahlen-Rechner und einem 160 Seiten starken Handbuch besteht.

Etwas teurer mit EUR 40,- , dafür aber auch mit Aussagen zu der Rating-Praxis von 10 Banken ist "Rating leicht gemacht", welches der Haufe-Verlag in einer Gemeinschaftsproduktion mit der Unternehmensberatung Ernst & Young produziert hat. Neben verschiedenen Formblättern etwa zur Bonitätserfassung erhält man hier auch ein auf Microsoft Excel basierendes Programm, welches dem Unternehmer hilft, sein Rating nach bank-ähnlichen Kriterien durchzuführen.

Das Programm R-Cockpit von Prof. Dr. Schneck Consulting glänzt mit einer sehr umfangreichen Kennzahlenanalyse. Der Fragenkatalog alleine zum qualitativen Rating umfasst 70 Positionen und ist auf Wunsch noch individuell erweiterbar. Ebenso kann das gesamte Datenkonvolut nach Microsoft Word exportiert werden, um eine optische Aufbereitung zu ermöglichen. Allerdings kostet diese Software dafür auch EUR 2 000,-. (7)

Software-Systeme, die speziell für Mittelständler und deren Anforderungen konzipiert wurden, sind:
- Entire Controlling der Entire Software AG aus Ulm als Controlling-Tool
- BPS-One als Businessplan-System der Firma Denzhorn Geschäftsführungs-System GmbH aus Ulm
- MIS Planner for Basel II von der MIS AG aus Darmstadt als Business Intelligence-Tool. (4)

Im Rahmen eines einwöchigen praxisorientierten Kompaktseminars inklusive einer anschließenden Prüfung können sich Unternehmensleiter aber auch Rechnungswesen- oder Controllingleiter über den Stand und Auswirkungen von Basel II sowie die damit zusammenhängenden Rating-Kriterien informieren. Ebenso gibt es Hinweise auf die Bankenratingmodelle verschiedener Kreditinstitute sowie sinnvolle Maßnahmen zur Vorbereitung auf das Bankengespräch. Dozentin zu diesem Training mit dem Abschluss "Rating-Advisor BVBC" ist die seit 1999 als Beraterin und Trainerin von Banken, kleinen und mittelständischen Unternehmen und

Steuerberatern tätige Dozentin Dr. Gabriele Schäfer. (1)

Weiterführende Literatur

(1) Rating-Know-how für Praktiker Wo Rechnungswesen-Spezialisten zusätzlich Rating lernen
aus Vermögen & Steuern Nr. 04 vom 01.04.2004 Seite 021

(2) Das neue DATEV-Rating-System Mandanten gezielt auf das Banken-Rating vorbereiten
aus Vermögen & Steuern Nr. 03 vom 01.03.2004 Seite 012

(3) Banken achten auf Effizienz Firmenkunden
aus Die Bank, Heft 03/2004, S. 148-149

(4) TOOLS FÜR DAS BANKEN-RATING Die richtige IT für Basel II
aus IT Business, Heft 11/2004, S. 30

(5) Kunden binden mit Finanzcontrolling
aus Consultant Steuern - Wirtschaft - Finanzen, Heft 03/2004, S. 56

(6) Wehrmann, Stefan / Schöneis, Katja, Auswirkungen von Basel II auf das strategische Controlling, Controlling Heft 02/2004, S. 91 95
aus Consultant Steuern - Wirtschaft - Finanzen, Heft

03/2004, S. 56

(7) Software fürs Rating Die Hürden für Kredite liegen immer höher. Spezielle Programme versprechen nun die optimale Vorbereitung aufs Bankgespräch. Was sie taugen.
aus Impulse vom 01.04.2004, Seite 112

Impressum

Basel II und die wachsende Bedeutung der Controller

Bibliografische Information der deutschen Nationalbibliothek

Die Deutsche Nationalbibliothek verzeichnet diese Publikation in der deutschen Nationalbibliografie; detaillierte bibliografische Daten sind im Internet über http://dnb.d-nb.de abrufbar.

ISBN: 978-3-7379-0009-6

© 2015 GBI-Genios Deutsche Wirtschaftsdatenbank GmbH, Freischützstraße 96, 81927 München, www.genios.de

Alle Rechte vorbehalten. Dieses Werk ist einschließlich aller seiner Teile – z.B. Texte, Tabellen und Grafiken - urheberrechtlich geschützt. Jede Verwertung außerhalb der Grenzen des Urheberrechtsgesetzes bedarf der vorherigen Zustimmung des Verlags. Dies gilt insbesondere auch für auszugsweise Nachdrucke, fotomechanische Vervielfältigungen (Fotokopie/Mikroskopie), Übersetzungen, Auswertungen durch Datenbanken oder ähnliche Einrichtungen und die Einspeicherung und Verarbeitung in elektronischen Systemen.